Peter Butschkow • Caren Hodel

ALT ist nur eine Taste

Cartoons und Texte

LAPPAN

Das ist mein Paper-Mac!
Krass! Und wie scrollt man da runter?

Ich, Peter Butschkow, …

… bin ja bereits längst in einem Alter, in dem ich aus jugendlicher Sicht zur WhatsApp-Gruppe „Dead Man Walking“ gehöre. Dabei lebe ich in munterer Work-Life-Balance und wecke freudig jeden Morgen wieder meine müden Knochen und Gelenke und genieße die Tatsache, dass ich immer noch auf der Erde und nicht im Himmel aufwache. Aus schierer Dankbarkeit habe ich für alle neuen und alten „Alten“ dieses beschwerdefreie, lustige Buch gezeichnet und mir als textliche Co-Autorin die Caren, einen jungen, weiblichen Hüpfer, mit ins Boot geholt. Humor ist divers und gesund und Lachen ist seine Weltsprache. Für Jüngere wichtig: Bitte blättern, nicht wischen!

Ich, Caren Hodel, …

… bekomme von meinem lieben Butschi zwar immer zu hören, dass ich ein junger Hüpfer sei, aber die bittere Wahrheit ist, dass sich auch bei mir langsam, aber sicher die Zeichen der Zeit bemerkbar machen. Der graue Haaransatz schimmert unermüdlich durch und meine Knie wollen nicht mehr allzu freudig in die Hocke. Die Spannkraft nimmt ab und die Folgen der Schwerkraft zu – wenn Sie verstehen, was ich meine.

Aber natürlich gibt es auch positive Begleiterscheinungen des Älterwerdens. Die blödesten Fehler hat man schon gemacht (hoffentlich), es ist einem egal, was andere über einen denken, und man weiß inzwischen, dass Speisestärke Rotweinflecken aus der Bluse saugt. Auch die Gnade des Vergessens bringt Vorteile mit sich: Alte Filme können wir bei Wiederholung aufs Neue genießen und herzlich lachen, wenn Freunde die Kalauer von früher erzählen. Apropos lachen: Die beste Medizin gegen Altwerden ist ohnehin Humor und eine gesunde Portion Selbstironie. Und – *tadaa* – das perfekte Buch dafür halten Sie gerade in den Händen.

Bier steht im Kühlschrank, Muckel!
Enkel sind doch was Schönes, oder?

Soll ich jetzt die Löschtaste drücken?
Probier mal.

Diese Welt da draußen zieht mich total runter.
Ich verschreib Ihnen mal Kichererbsen.

Ketzer im wohlverdienten Ruhehang

Weiße mit Schuss

Was geht ab, Alter?
Das Haar!

Kommst du ins Bett, Schatz?
Ich schau noch ein bisschen Gesundheits-magazin Praxis!

App, App, hurra!

Wie viele Schritte gehst du täglich?", fragte mich Lea, als sie mich im Wald beim Walken traf. „Keine Ahnung", antwortete ich. „Na, dann lad dir mal zügig 'ne App runter", empfahl sie mir. „Zu Befehl!", blödelte ich und schaute zu Hause sofort in meinen App-Store, wo sich ja Unmengen dieser kleinen, digitalen Helferchen für wirklich jeden Lebensbereich finden lassen. Bei den beliebten Top-Themen Gesundheit, Ernährung, Bewegung, Körper, Medizin war das Angebot reichhaltig. Es gab sogar eine App, mit der man seine Urinwerte bestimmen und mit prominenten Sportlern vergleichen konnte. Ich entschied mich für eine verheißungsvolle App namens GO & KNOW. Durch sie wusste ich beim nächsten Mal endlich, dass ich 6,33 Kilometer in einer Stunde und 23 Minuten (inklusive sechs Minuten Pause) walkte, davon 13:07 Minuten mit einer durchschnittlichen Schrittlänge von 0,89 cm für einen Kilometer benötigte, dabei 377 Kalorien verbrauchte, 8345-mal Luft holte, gut 0,97 Liter Wasser verlor, fünf schwere und zwei leichte Blähungen ausstieß, einen Abrieb meiner Laufschuhsohle von 0,037 Millimeter zu verzeichnen hatte, weiterhin 18 Minuten und 7 Sekunden an meine Arbeit, knappe 6 Minuten an mein Mittagessen und exakt 49 Sekunden an meine Verdauung gedacht habe. 3,72 Kilometer meiner Laufzeit schaute ich auf meine Fußspitzen, 1,86 Kilometer auf Bäume, 0,35 Kilometer auf Weiden und Kühe und 32 Sekunden einer jungen Joggerin hinterher. Der Rest meiner Blicke ging ins Nichts. Wie konnte ich bloß vorher ohne all diese Informationen leben?

Also Ihnen sieht man die Flugstunden wirklich nicht an!
Alter Schleimvogel!

Früher bestanden die Brötchen noch aus richtigem Teig und nicht nur aus Luft!
Na, da sind Sie mal froh!

Hab da eine Frage zu meinem neuen Treppenlift! Wie hoch ist das zulässige Gesamtgewicht?
Pils
Pils
Pils
Pils

Altersflecken

Wie möchten
Sie denn Ihre neuen
Brüste haben?
Vorne!

Ja werden diese Krautmanns denn nie älter?

Vierzig ist das neue dreißig

Es gibt Momente, in denen fühle ich mich von einer Sekunde auf die andere steinalt. Wenn ich zum Beispiel mit Erschrecken feststelle, dass die 90er nicht ein Jahrzehnt her sind, sondern drei! DREI!!! Der schleichende Alterungsprozess zeigt sich aber auch an meiner Freude über bestuhlte Konzerte oder beim Blick in den Kleiderschrank, der offenbart, dass einige Klamotten älter sind als der große Apfelbaum im Garten.

Das alles ist aber nichts im Vergleich zu dem, was mir letztes Wochenende auf dem Supermarktparkplatz passiert ist. Dort standen zwei junge Kerle, vielleicht Mitte zwanzig, die tuschelten und drehten sich immer wieder zu mir um. Zuerst fühlte ich mich geschmeichelt. „Sieh an“, dachte ich. „Zwei Jungspunde, die es auf dich abgesehen haben.“ Auf den Höhenflug folgte allerdings abrupt der Absturz. „Entschuldigen Sie“, sagte der eine, „Sind Sie Frau Janßen?“ Ich schüttelte den Kopf. „Verrückt, Sie sehen echt aus wie unsere alte Kindergärtnerin.“ Premiere! Mein erstes Age-Bashing! Jedenfalls fühlte ich mich nach diesem Satz schlagartig in die Senioren-Liga katapultiert.

Auch meine Kinder lassen keine Gelegenheit aus, mir mitzuteilen, dass ich mittlerweile ein biblisches Alter erreicht habe. Jasper fragte neulich beim Treppensteigen fürsorglich: „Geht’s, Mami?“ Und als ich mir pinkfarbende Plateauschuhe kaufte, sagten meine Jungs unisono und völlig geschockt: „Mama, das kannst du doch nicht mehr tragen!“

Dabei bin ich nach neuer Zeitrechnung doch gerade erst 37. Denn vierzig ist ja bekanntlich das neue dreißig. Nur schade, dass meine Falten das noch nicht begriffen haben. Überhaupt gibt es verräterische Indizien, die mein wahres Alter offenbaren. Ich stelle meinen Fuß zum Beispiel auf unserer Sitztruhe ab, wenn ich mir den Schuh zubinde und jedes Mal, wenn ich online mein Geburtsjahr angeben muss, scrolle ich eine gefühlte Ewigkeit durch die Jahreszahlen. Wenn ich am Samstag mal alkoholtechnisch über die Stränge schlage, werde ich montags gefragt, ob denn wirklich alles okay mit mir sei. Außerdem beginne ich ziemlich viele Sätze mit „Also früher ...“ .

Tja, früher ... Da fand man Älterwerden super. Auf den 16. Geburtstag fieberte man hin, auf den 18. sowieso. Aber spätestens, als die 30 nahte, fingen die Ersten zu jammern an.

Klar habe auch ich Momente, in denen ich voller Wehmut an meine wilde Jugend zurückdenke. Bauchfrei in Telefonzellen knutschen. Schule schwänzen. Headbanging zu „Smells Like Teen Spirit“. Von zu Hause ausbüxen und mit Herzklopfen in die nächste Disco trampen. Aber nun Schluss mit den Sentimentalitäten! Solange ich noch nicht strickend mit Heizdecke im Schaukelstuhl sitze, ist der Zug ja noch nicht abgefahren. Abgesehen davon kann ich gar nicht stricken.

Übrigens hatte ich noch eine weitere Begegnung letzte Woche – und die macht Hoffnung! Auf der Feier meiner Kollegin lernte ich ihre Mutter kennen, Mitte siebzig. Sie trug ein knallbuntes Rolling-Stones-Shirt und legte zu „I am what I am“ eine heiße Sohle aufs Parkett. Diese Dame ist doch der beste Beweis, dass die Zeit durchaus eine bewundernswerte Gelassenheit mit sich bringen kann. Auch wenn ich den Entsetzensschrei meiner Jungs schon im Ohr habe: Das Shirt werde ich mir auch kaufen. Es passt ganz hervorragend zu meinen Plateau-Schuhen.

Spürst du die Wechseljahre?
Frag nicht so blöd!

Das wird dich interessieren! Am Aschermittwoch gibt's bei ALDI Urnen!

Die alten Skatkröten

Kommt ein Bär zum Arzt...nee, also kommt ein Arzt zum Bären, so... ach nee!.. Kommt ein Biber zum...
Wenn der so operiert wie er Witze erzählt...

Ich hab mein ganzes Leben geschuftet.
Was kriegst'n Rente?
874,50!
Und wovon lebst du?

Die, die nicht loslassen können

Sie wollen partout kein Online-Banking? Wohl noch eine vom ganz alten Schlag?
WIR LIEBEN IHR GELD.
Und zwar aus Holz!
WIR LIEBEN IHR GELD.

Entmenscht

Selbst dem größten Tölpel ist nicht entgangen, dass sich unsere Gesellschaft massiv verändert. Blasse, bettnässende US-Boys, die sich vor jedem Mädchen fürchteten, hatten in ihrer digitalen Bastelgarage mit visionärem Instinkt die gigantischen Möglichkeiten des Algorithmus erkannt und mit dessen Hilfe zur friedvollen Vereinigung des Globus aufgerufen. Seitdem ist alles Moderne von gestern das mittelalterliche Artefakt von heute: Papier, Tinte, Füllhalter, Schreibmaschine, Fax. Der fleischgewordene Taktgeber und Lebensmanager Nummer eins ist heute das Smartphone. Schon Kleinkinder bezahlen damit ihre Kita-Gebühren und übermitteln ihren Eltern über WhatsApp ihre Lactosewerte. Die ältere Generation steht paralysiert vor Instagram, Twitter und TikTok und sucht verzweifelt nach einer gedruckten Bedienungsanleitung. Konnte sie die Jugend wegen ihrer neuen Kommunikationsdroge anfangs noch verhöhnen, hat sich das inzwischen ins Gegenteil verkehrt. Die lockere Art, mit der die neue Generation ihr komplettes Leben digital regelt, macht die Alten fassungslos. Das biologische Miteinander verkümmert, bald schickt man nur noch die KI, Roboter und Avatare für sich los. Auch meine Bank teilte mir jubelnd mit, dass ich ab Jahresbeginn in ihrer Filiale auf keinen Mitarbeiter der Gattung Homo sapiens mehr treffen würde. Dafür stünde jetzt in einem ausgewiesenen Raum ein großer Bildschirm, über den ich zukünftig per Video mit einer Mitarbeiterin kommunizieren kann. Wie geil ist das denn?

Die erste Opfergabe ist der Mensch.

Immer herein, mein Hase!
Gott steh mir bei!

Alte eheliche Fahrgemeinschaft.

Einen Tag vor Weihnachten, Vorfreude bei den Müllers.

Erlebniswelten
Jenseits
Ü70
Party
MIT DJ TOTO

Ich gehöre irgendwie auch zur Letzten Generation, ...
Cool, Alter!

... die noch mit der Hand schreiben und rechnen kann!

Opa ist tot!!
Mann, Mann! Da schläft man einmal durch ...

Alter Pyromane

Zur Zeit tobt wieder die Influenza.
Die jungen Dinger sind heute alle so schnell gereizt.

Traumberuf Influencer

Tierärztin, Pilot, Feuerwehrmann – das stand zu meiner Schulzeit auf der Wunschliste der Traumberufe. Heute wird man lieber Area Sales Manager, Executive Assistant, Vision Clearance Engineer oder – ganz oben in den Top Ten: Influencer.

Im Fernsehen zappte ich neulich zufällig in einen Beitrag über Dagi. Oder war es Bibi? Die sehen mit ihren blonden Haaren und dem aufgesetzten Zahnweißlächeln ja alle gleich aus. Jedenfalls waren in der Sendung Tausende von Teenagern zu sehen, die die Bibidagi hautnah erleben wollten. Sie kreischten hysterisch, reckten aufgeregt ihre Handyarme in die Luft und schienen kurz vor der Ohnmacht.

Die armen Mädchen hatten sich offensichtlich den hochinfektiösen Influencer-Virus eingefangen. Die klassische Influenza und die „Beeinflusser", die sich in sozialen Medien tummeln, haben eine Gemeinsamkeit: Bei beiden kann es unangenehme Nebenwirkungen geben.

Woran man erkennt, dass man sich bei den Influencern angesteckt hat? Halluzinogene Sinnestäuschungen in Form von Kiss-Emojis und Hashtags, akutes Must-have-Fieber, chronische YouTuberitis. Wer anfängt, sein gesamtes Geld für obskure Kosmetik, arschteure Klamotten und hirnverbrannte Sportgeräte auszugeben, den hat's heftig erwischt. Wer bereits „Square Nails" trägt und „Pancake Spaghetti" zum Frühstück verspeist, sollte jetzt dringend einen Arzt aufsuchen.

Nun aber genug der Worte. Nach der ganzen Influencerei fühle ich mich schon selbst ein bisschen gehashtaged. Na ja, immer noch besser als geshitstormed. In diesem Sinne *#immerhübschanalogbleiben, #ambestendisplayabkleben* und *#dochlieberastronautwerden*.

Schnupperkurs

Altmänner-Yoga: Der Jimi

Cher, Blondie, Melanie, Joan Baez, Kate Bush, Cyndie Lauper, Annie Lennox, Bonnie Tyler – ich hatte sie alle!
Opa!!

Auf Platte!

Mein Opa? Der ist gerade bei TikTok.
Wow! Coole Socke!

Ich hab drei Kinder getragen, geboren, genährt und großgezogen und ihr in euren Leder-Stramplern macht hier auf dicke Hose!

Knietief in der Midlife-Crisis

Angefangen hat alles mit einem Duft. Plötzlich roch mein Mann morgens nicht mehr nach dieser vertrauten Mischung aus Rasierwasser und Käsestulle, sondern nach *Bleu de Chanel*. Ein paar Tage später, als er seine Kurzhanteln aus dem Keller holte, statt Hemd und Krawatte eine Lederjacke mit Flammen-Emblem trug und verkündete, er wolle jetzt einen Motorradführerschein machen, war mir klar: Mein Mann steckte knietief in der Midlife-Crisis.

Die kann einen ja auf ganz unterschiedliche Art ereilen. Die einen stecken sich verspiegelte Sonnenbrillen ins schütter werdende, neuerdings gegelte Haar und kompensieren die innere Stille mit einem lauten Auto. Andere flüchten in Fitness-Studios, um der schwindenden Männlichkeit und dem expandierenden Bauchansatz durch Krafttraining Herr zu werden. Ganz radikale Fälle kündigen ihre Banker-Jobs für eine hawaiianische Surflehrer-Karriere oder laufen deutlich jüngeren Frauen nach, um sich der eigenen, noch immer gefühlten Jugend zu vergewissern (Vorsicht, Trugschluss!). Frauen bleiben natürlich auch nicht von derartigen Umbrüchen verschont – Stichwort Wechseljahre. Gefühlt gehen sie aber deutlich würdevoller damit um. Sie besinnen sich wieder auf sich selbst, machen einen Spanisch-Kurs oder reisen in ein exotisches Land, von dem sie schon immer träumten.

Aber zurück zu meinem Mann. Gestern habe ich ihn doch tatsächlich am Schlagzeug meines Sohnes erwischt. „Joachim, Dieter und ich haben jetzt eine Band“, verkündete er euphorisch und setze anschließend zum abenteuerlichen Solo an. Oha, die armen Nachbarn. Ich hätte da auch schon einen passenden Bandnamen für das Krisen-Trio: „The Rolling Bones“.

Einmal Rocker, immer Rocker

Hallöchen, Zuckerflügel!
Alter Falter!

Für dein Alter ja noch ziemlich gut in Schuss, Opa!
Im Fass gereift!

**99,9 % der Jugend denkt,
im Alter hat man keinen Sex mehr.**

Durch Möhren soll man besser sehen können!
Du sollst sie essen und nicht durchglotzen!

Wann kommt denn der Fernseher aus der Reparatur zurück?
Mein Gott!! Du kannst ja sprechen!

Wie is' mit Kiffen?
Shit, Mann! Hab grad nix dabei!

Schamstoff

Es ist kaum auszuhalten, aber ich schäme mich ständig. Bei jeder Tomate sehe ich die geknechteten Plantagenarbeiter, bei jeder Avocado den langen Transport, bei jeder Wurst die gefolterten Schweine, bei jeder Möhre den vergifteten Boden, bei jedem Ei die gemarterten Hühner, bei jeder Milch die überzüchteten Kühe, bei jedem Brötchen das genmanipulierte Korn, bei jeder Garnele die Antibiotika, bei jedem Honig die kranken Bienen, bei jedem Kaffee die gespritzte Bohne, bei jeder Schokolade den Zucker und beim Joghurt das Plastik vor mir. Bei meinem Auto schäme ich mich für den Schadstoffausstoß, beim Eisberg für den Klimawandel, beim Holzbrettchen für die kaputten Wälder, in meiner Wohnung für die alte Heizung, unter der Dusche für meinen Wasserverbrauch und in meinem Garten für die beschnittene Hecke. Im Zoo schäme ich mich für die gefangenen Tiere, auf unseren Straßen für die Löcher, in der Kirche für den Missbrauch, beim Unfall für die Gaffer, bei den Wohnungen für die Wuchermieten und im Restaurant für die Preise. Ich schäme mich für die Promis im Dschungelcamp, für das Schandmaul von Dieter Bohlen, für den Hass im Internet, für die Phrasen der Politiker, für die Giraffenwimpern der Influencerinnen, für das Doping der Sportler, für die Ablösesummen der Fußballer, für die Boni der Banker, für die Geldgier im Gesundheitssystem, für die armen Rentner und die Ausbeutung der Bodenschätze. Und ich schäme mich natürlich für diesen Text.

Am Weltfrauentag könnten Sie in Ihrem Alter wenigstens einen BH tragen!

Oma virtuell in Woodstock

Sie eröffnen grad dein Testament.
Hö-hö! Das wird der Hammer!

Ach, die alten Knochen wollen nicht mehr.
Alte Knochen? Hmm … jamjam.

Frauen werden im Alter immer penetranter

Ich bin ja mehr der Bauchmensch!
Gefühle brauchen Platz

Hier hab ich irgendwo meine Brille verloren!
Schalt doch mal den Leuchtturm ein!

Was kuckst du?

Man kann aus dreierlei Gründen eine Brille tragen: 1. Weil man schlecht sieht. 2. Weil man damit schlauer aussieht. 3. Weil man schlecht sieht und damit schlauer aussieht. Früher galt die Brille als ein Signal eines körperlichen Defizits, ihre Träger wurden als „Brillenschlangen" verspottet. Heute ist sie ein hochmodisches Accessoire und prägnantes Typensiegel. Eine Ikone aller Brillenträger war einst der viel zu früh verstorbene amerikanische Rocksänger Buddy Holly („Peggy Sue"), den man sich niemals ohne seine gewaltige, schwarze Hornbrille hätte vorstellen können, wie auch der dickliche, britische Sänger Elton John („Candle In The Wind"), den wir alle nur mit seinen durchgeknallten Brillenkreationen kennen. Auch die Schlagersängerin Nana Mouskouri wirkte mit ihrer markanten Brille wie eine musikalische griechische Chefsekretärin. Ich stoße in letzter Zeit in meiner Umgebung immer häufiger auf Menschen, die mich plötzlich aus riesigen, schwarzen Hornbrillen anstarren. Deutsche Optiker*innen haben anscheinend eine Spezialausbildung in Sachen Verkaufspsychologie und Hypnose absolviert. Einem Verkaufsgenie scheint mir auch Herbert Grönemeyer auf den Leim gegangen zu sein, in dessen blasser Physiognomie neuerdings ebenfalls eine monströse, dunkle Hornbrille prangt. Sie verleiht ihm nicht nur einen intellektuellen Habitus, sondern appelliert auch subtil an den Erhalt der vom Aussterben bedrohten Art der Uhus. Möglicherweise kann Herbert jetzt damit nachts auch besser Mäuse fangen.

Die neue Brille

Medikamente werden knapp

Venezianer im Ruhestand

Die Macht ist mit ihr.

Weiße Feder färbt.
Lose Zunge möge schweigen!

Falsche Nummer

Möchten Sie unser Rundum-sorglos-Paket?

In der Sprachnachrichten-Hölle

Das Smartphone ist eine tolle Sache. Damit finden wir immer den kürzesten Weg und können eine schnelle Meinung zu unserem Outfit einholen. Es versüßt Wartezeiten und macht die Fußballspiele meiner Jungs erträglicher, weil ich mich am Spielfeldrand mit dem heißesten Promi-Klatsch statt öden Abseitsregeln beschäftigen kann.

Am besten aber ist, dass man nicht mehr telefonieren muss. Schließlich kann alles Wichtige („Wir brauchen noch Klopapier“, „Bin gut angekommen“, „Verspäte mich“) fix getextet werden. Funktioniert natürlich auch als Sprachnachricht. So muss man seine Finger nicht mehr über die winzige Tastatur manövrieren und kann nebenbei noch Spiegeleier bruzzeln oder von der Haltestelle zum Büro gehen, ohne gegen einen Laternenpfahl zu donnern. Man muss nicht darüber nachdenken, wie man „Fauxpas“ schreibt, keine passenden Emojis suchen und hat keine unangenehmen Widerworte zu befürchten.

Leider sind Sprachnachrichten nur für den Absender bequem, für den Empfänger sind sie eine echte Herausforderung. Denn meistens trudeln sie ein, wenn man keine Gelegenheit hat, sie in Ruhe abzuhören: im Meeting, in der Bahn, an der Hauptverkehrsstraße. Nächster Knackpunkt: Während sich eine WhatsApp auf den ersten Blick als (un-)wichtig identifizieren lässt, hat man bei Sprachnachrichten keine Ahnung, was einen erwartet.

Abgesehen davon sind die Monologe oft unfassbar lang, weil viele dazu neigen, sich warmzureden, ehe sie auf den Punkt kommen. „Ja hey, du … herrlicher Tag, oder? Bisschen heiß, aber im Schatten geht‘s … Ich ruf an, weil … äähhm … warte kurz, da kommt mein Bus … ach krass, bei H&M

ist schon Schlussverkauf … Sorry, ist total laut hier … ach egal, meld‘ mich später!“

Als Empfänger muss man sich den kompletten Gedankensalat anhören, auch wenn er acht Minuten und 36 Sekunden dauert. Könnte ja sein, dass nach fünf Minuten Geplapper noch eine entscheidende Info folgt. Meistens erfährt man aber nur, dass es scharfes Thai-Curry gab, der Hund Flöhe hat oder der Schuhladen an der Ecke dicht macht.

Neben denen, die nicht aufhören zu quatschen, gibt es auch jene, die ein Dutzend Nachrichtenschnipsel hintereinander schicken. Und alle beginnen mit „Ups, abgerutscht“ oder „Oh, wo war ich stehen geblieben?“. So muss man sich durch eine Flut an Sprachfetzen kämpfen und weiß am Ende immer noch nicht, was eigentlich Sache ist.

Nächstes Problem: Viele Sprachnachrichten versteht man gar nicht beim ersten Mal – weder akustisch noch inhaltlich. Und deshalb muss man sie leider mehrmals abhören und gerät so in einen nerven- und zeitraubenden Teufelskreis.

Früher, als man noch SMS schrieb, war alles einfacher. 160 Zeichen für 30 Cent – da überlegt man gut, was man schreibt. Aber die Jugend von heute schreibt ja ohnehin nicht mehr. Sie ist nämlich zu faul zum Tippen. Meine Jungs zumindest verschicken leidenschaftlich gern Sprachnachrichten. Immerhin habe ich so eine Ausrede, wenn mal wieder Extrawürste für den Supermarkt eintrudeln. Neben unserem Edeka ist gerade eine Großbaustelle. Neulich, als meine Jungs „Bananeneis“ geordert haben, kam ich mit Basmatireis zurück. Der Presslufthammer. Ups, muss ich wohl falsch verstanden haben …

Oma fein raus

Ich bin verzückt! "Der kleine Prinz" wird in diesem Jahr 80 Jahre alt!
Mein kleiner Prinz ist auch schon über sechzig und verzückt dich überhaupt nicht mehr!

Beim Kult-Masseur

Hey, Jule! Machst noch Bauch, Beine, Po?
Bin jetzt im Veggie-Studio! Wirsing, Möhre, Kürbis!

Entschuldigung! Wir haben Sie gerade furchtbar husten hören, da haben wir gedacht, na, vielleicht wird hier 'ne Wohnung frei?

Ich hab meine Ernährung umgestellt.
Löblich Opa!
Die Dosen stehen jetzt in der Garage!

Der Gott des Gemetzels

Das Fest war friedlich, bis der Gastgeber Oma Ute als „ältesten Gast“ begrüßte. Daraufhin warf Annalena Lippmann spitz „Gästin!“ ein. Horst Kurznagel polterte „Mensch, nun hört aber auf mit dem Quatsch!“

„Die Zeiten ändern sich, Herr Kurznagel!“, fauchte die junge Lippmann. Der Gastgeber versuchte mit „Ich hab gestern meine zweite Impfung bekommen“ abzulenken. Daraufhin krächzte Onkel Paul „Menschenversuche“ und kassierte dafür von Charlene Thomsen: „Ach? In der AfD?“

„Sie fahren wohl auch Elektroauto?“, ätzte Onkel Paul.

„Faschist“, zischte Emma, die Tochter des Gastgebers.

Mit „Wir wählen dieses Mal Grün“ wollte Leonie das Thema auflockern, aber Simon hasste Habeck. Annalena Lippmann hasste Söder. Ruby Tiedenhub hasste Olaf Scholz.

„Isst hier etwa irgendjemand noch Schwein?“, fragte Pia Sandmut, woraufhin Horst Kurznagel „Ich liebe Zigeunerschnitzel!“ brüllte. „Ich Negerküsse!“, tönte Herr Lutterberg und wurde umgehend als „Rassist!“ beschimpft. „Black lives matter!“, schrie Emma in die Runde und Annalena prostete „Auf das Matriarchat!“

Jetzt sprang Herr Kurznagel auf und brüllte: „Es lebe der Verbrennermotor!“ Emma schrie ihn an: „Zurück in den Sarg, du Mumie!“, und Pia fauchte: „How dare you?“, dabei schlug sie ihm das Schnapsglas aus der Hand. Der Gastgeber rief verzweifelt: „Friede!“, da aber hatte sich Annalena Lippmann bereits in Kurznagels Wade verbissen, während Herr Lutterberg mit einem Baguette auf sie einschlug. Oma Ute fütterte indessen die kleine Lotta mit Nutella.

Unsere Mädels hatten damals alle noch echte Euter und wenn man ihnen fröhlich auf den Schinken klopfte, dann haben sie gejuchzt und dich nicht als Schwein beschimpft!
Alte Sau!

Ich bin Baujahr 55!
Und was macht der Vergaser?

Die alten Rammler

Ostern mit Google Eggs

Ihr Arschgeweih muss mal geboostert werden!

Meinen Winnetou macht ihr mir nicht kaputt!

Ich sage nur
Künstliche Intelligenz!
Bald brauchen wir nicht
mehr selber denken.
Und das
soll neu sein?

Hallo, äh, Frau …

Das Gehirn mit seinen Billionen von Synapsen ist ein faszinierendes Organ. Theoretisch. In der Praxis machen sich aber gern mal Schwächen im System bemerkbar. Kennen Sie das auch? Da kommt diese Person ums Eck, begrüßt einen überschwänglich, fragt höflich nach den Kindern und man selbst hat keinen Schimmer, wer dieser freundliche Mensch ist.

Früher klappte das irgendwie besser. Inzwischen habe ich das Gefühl, dass der ganze, zum Teil unverdaute Informationsbrei in meinem Hirn zu Verstopfung führt. Geschenk für Oma kaufen. Neue Brille abholen. Zählerstand für den neuen Stromanbieter durchgeben. Mein Kurzzeitgedächtnis kann eben nur eine überschaubare Menge an Infos aufnehmen. Überschüssiges wird gnadenlos ausgesiebt. Da kann es passieren, dass ich eine neue Bekanntschaft am selben Abend mit „Christiane", „Christina" und „Christine" anspreche – und jedes Mal danebenliege. Im besten Fall ernte ich irritiertes Lachen, im schlimmsten böse Blicke. Bei Nachnamen ist es noch prekärer. Kaum ausgesprochen, sind sie schon wieder vergessen. Neulich begrüßte ich den Chemielehrer meines Sohnes mit „Hallo, Herr Sülzmann". Später sah ich auf dem Stundenplan, dass er „Salzmann" heißt. Gut, das mag auch ein Freud'scher Versprecher gewesen sein …

Um mein Unvermögen zu tarnen, habe ich mir verschiedene Tricks angeeignet. Zum Beispiel die Nuschel-Taktik. Wobei ich die nur bei kurzen Namen („Gudn' Abnd, Frau Hmpffker") empfehle. Heißt derjenige Hoppenstedt-Schulze, kommt man schnell in Erklärungsnöte. Bin ich in Begleitung unterwegs, funktioniert hervorragend die „Kennt-ihr-euch-schon?"-Masche: Ich nippe just in diesem Moment an meinem Getränk, und schwupps, stellen sich die beiden einander vor – und ich bin wieder im

Bilde. Apropos im Bilde: Es ist ja wissenschaftlich nachgewiesen, dass wir uns Bilder besser merken können als Begriffe – und dabei gilt: Je absurder, desto einprägsamer. Nur muss einem klar sein, dass man solche Bilder nie wieder aus dem Kopf bekommt. Frau Ackermann aus dem Reisebüro wird es in meiner Fantasie jedenfalls auf ewig mit ihrem Mann auf dem Acker treiben. Und jedes Mal, wenn ich den glatzköpfigen Herrn Dreyer sehe, stelle ich mir vor, wie ich drei Eier auf seinem Kopf zerschlage.

Ganz peinlich wird 's, wenn der *Point of no Return* überschritten ist. Ich habe eine Nachbarin, die wohnt schon seit Jahren hier. Wie sie heißt? Vergessen. Aber sie jetzt noch fragen? Das ist genauso verzwickt wie mit den selbst gestrickten Mützen aus Kratzwolle. Wenn man schon zehn Weihnachten lang „Oh wie lieb, Tante Heidrun" gesagt hat, ist der Zug abgefahren. Aber zurück zum Thema: Man mag mir das Namensgedächtnis einer Qualle unterstellen, andererseits merke ich mir Unwichtiges locker bis zum Sankt-Nimmerleins-Tag. Bei der nächsten Begegnung mit meiner Nachbarin werde ich einfach sagen: „Hallo, äh, Frau ..., wussten Sie eigentlich, dass Wombats ihre Häufchen in Würfelform machen?

Kassenpatient beim Orthopäden

Hast du schon mal daran gedacht, deinem Leben selber ein Ende zu setzen?
Klar! Immer wenn ich am Computer sitze.

Seitdem ich nicht mehr trinke, sehe ich alles viel klarer.
Und?

Hab sofort wieder angefangen zu trinken.

Die Krauses fliegen bestimmt wieder zum Überwintern nach Teneriffa!
Komm, lass uns Bratkartoffeln machen!

Peter Butschkow,
1944 in Cottbus geboren, lebt seit mehr als 30 Jahren in Norddeutschland hinter dem Deich. Er veröffentlicht in diversen Zeitungen und Zeitschriften und ist Autor von über 150 Büchern und Kalendern.
www.butschkow.de

Caren Hodel
1976 in Bruchsal geboren, arbeitet als Redakteurin und Autorin für verschiedene Frauenzeitschriften und lebt mit drei Jungs und einem verrückten Kater auf dem Land bei Lüneburg.
www.carenscollage.wordpress.com

2. Auflage 2024

– Originalausgabe –

ISBN 978-3-8303-6419-1

Illustrationen: Peter Butschkow

Texte auf den Seiten 6, 15, 31, 54, 62, 78: Peter Butschkow
Texte auf den Seiten 6, 22 f., 40, 46, 70 f., 86 f.: Caren Hodel

Lektorat: Antje Haubner
Layout und Herstellung: Ralf Wagner und Monika Swirski
Covergestaltung: Ulrike Boekhoff